¡LOCOS POR LA Pizza!

Sandro Natalini

Annalaura Cantone

Picarona

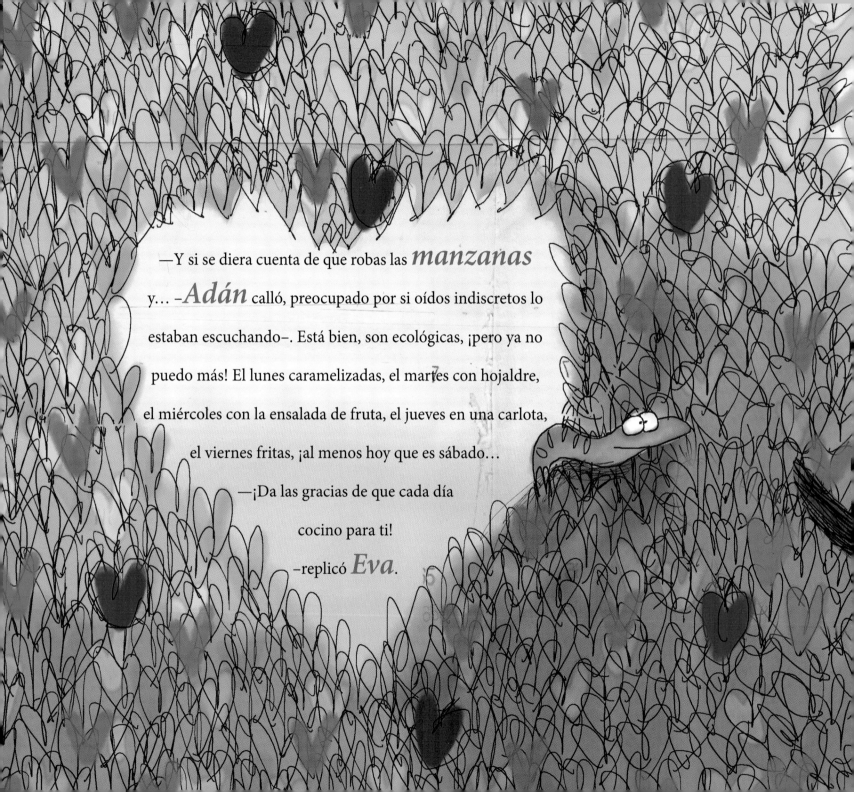

—Y si se diera cuenta de que robas las *manzanas* y... –*Adán* calló, preocupado por si oídos indiscretos lo estaban escuchando–. Está bien, son ecológicas, ¡pero ya no puedo más! El lunes caramelizadas, el martes con hojaldre, el miércoles con la ensalada de fruta, el jueves en una carlota, el viernes fritas, ¡al menos hoy que es sábado...

—¡Da las gracias de que cada día cocino para ti!

–replicó *Eva*.

—¡Vale, dame dos minutos, me pongo un par de hojas de higuera nuevas y salimos! –propuso Eva con voz estridente.

—¿Adónde salimos? ¡Si ya estamos fuera! –contestó, sorprendido, Adán.

—Vamos a la *pizzería Edén* –dijo Eva haciendo ojitos–.

He oído que hacen una pizza tan buena…

¡que no probarla es *pecado*!

Hay quien dice que ya en el Neolítico o en aquellos tiempos...

—¡Y ahora tengo que comer **trompa**, y encima podrida! –gritó la señora Sgrunf.

—¡Pero qué podrida ni no podrida! ¡Querrás decir asada! –rebatió el señor Sgrunf.

—Y todos esos **mosquitos**, ¿los has traído tú? –siguió ella.

—¡Sudé muchísimo para atrapar a este mamut! –murmuró él.

—Las pieles ya no están de moda, está escrito en *Mujer Neolítica*, y métete en la cabeza que los tiempos han cambiado; ¡ya no somos cazadores, ahora cultivamos la tierra! ¿O es que quieres dejar a tus hijos un mundo sin mamuts? ¡Prueba este pan *integral* y cambiarás de idea! –propuso ella en tono conciliador.

En tiempo de los faraones, se conocían hasta 40 tipos de pan preparados con harina de cereales: trigo, espelta y cebada. Pensad que gracias a la cebada también nació la cerveza, bebida que degustaban junto con el pan de pita, precursor de la pizza.

—Qué puedo ofrecer al gran *Julio César*… ¡Además de mi corazón! –exclamó la reina egipcia *Cleopatra* en medio de una nube de perfume.

—Podría bailar para ti o…–añadió la reina.

—¡Tranquila, Cleo, ya es tarde y tengo hambre! –interrumpió el emperador.

—¡Tus deseos son órdenes!

Tras una señal de la reina, entraron los criados con todo tipo de manjares.

—Oye, Cleo, este *pan de pita está muy rico*, ¿me invitas también a una cerveza? —murmuró él con la boca llena.

—¡Atenea, querida, mira lo que te traigo! Ahora… ¡Tendrás que ser buena conmigo! –dijo el musculoso *Milón*, mientras cargaba encima de los hombros a su preciado sacrificio.

—¿Un toro? ¿Pero es que ya no es costumbre regalar flores? ¿No querrás dejarlo aquí en el Olimpo, merodeando como un gatito? Si te lo comes todo, haré que ganes la competición… ¡Te lo prometo! –contestó desafiante la *diosa Atenea*.

El luchador, famoso por su fuerza y su descomunal apetito, no se lo hizo repetir; mató al *toro* de un solo golpe y se lo comió minuciosamente, bajo la atenta mirada de la diosa.

—¿Y ahora yo qué como? Bueno... Llamaré a **Mercurio**,

que entrega a domicilio un excelente *plakous*,

pan amasado y aromatizado

con ajo y cebolla.

Las malas lenguas griegas y latinas dicen que nosotros, los *etruscos*, somos el pueblo más comilón de la Tierra. Bien es cierto que las esclavas no hacemos más que servir manjares y copas de vino, hasta el punto de que los *galos* cruzan los Alpes para probar nuestras exquisiteces y… ¡nuestros corazones!

El pan de espelta que solía acompañar a los platos de sus banquetes se llamaba farolicchia, y tenía el poder de hechizar a los galos.

Estáis invitados al banquete
del enorme Trimalción.

—Queridos invitados, hoy empezaremos con el *porcus troianus* como entrante, un cochinillo relleno de salchichas, verduras y salsas aromáticas. A continuación, se servirán conejos, antílopes y faisanes, y, evidentemente, manjares para paladares más refinados: pavos, flamencos, avestruces y un excelente lirón relleno de albóndigas de cerdo. Todo esto acompañado por deliciosas *pizzas crujientes*.

Finalmente, se servirá mi famoso jabalí

con pasta de almendras, dátiles y un

relleno sorpresa…

Cuando el cocinero llegó, clavó un

cuchillo en el costado del *jabalí*

y de ahí salieron revoloteando unos tordos

vivos.

Increíble, ¿verdad?

Pero cuidado, había que comérselo

todo… ¡si no, el dueño de la casa

se ofendía!

Durante la Edad Media, tanto ricos como pobres disfrutaban de la **pizza**, dulce o salada. Fueron los lombardos quienes introdujeron la **búfala**, madre de la **mozzarella**, en la Italia meridional, y **Colón** trajo el **tomate** de América.

—Aquí tiene, Majestad, un par de regalitos –susurró *Colón* a la reina

Isabel la Católica, entregándole unos cuantos *tomates*–.

Dicen que son ricos en antioxidantes, un excelente remedio

para conservar la juventud... –pero enseguida añadió–:

Aunque usted no lo necesita en absoluto…

—Impertinente, sinvergüenza, es usted un verdadero…

¡GANSO!

–dijo ella mirando a aquella estúpida ave.

Una leyenda muy antigua cuenta que...

Ya en el siglo XVIII, el aroma del plato más famoso de la cocina partenopea invadía las callejuelas napolitanas.

—Querida, estoy en casa, ¿qué hay para comer?

—preguntó el dios *Vulcano* a su hermosa esposa *Venus*.

—¡Caramba, ya está en casa! Podía haberme llamado…

Sabes muy bien que hoy iba al gimnasio, a la peluquería, a la esteticista, a hacerme la manicura, ¡y también tenía yoga!

Al fin y al cabo ¿soy o no soy la diosa de la *belleza*?

¡Está claro que no puedo hacer de ama de casa! –se dijo la diosa a sí misma.

Después, en un ataque de rabia, tomó un trozo de masa, la aplastó y la dejó cociéndose sobre una roca ardiendo que había salido del volcán, y a su esposo le gustó tanto que le pidió que repitiera esta *nueva receta*.

Con motivo de la visita a Nápoles del rey Humberto I y de la **reina Margarita** (de donde proviene el nombre de la célebre especialidad), el pizzero **Raffaele Esposito** homenajeó a la reina ofreciéndole una **pizza tricolor**: verde (albahaca), blanca (mozzarella) y roja (tomates). Era el 1 de junio de 1889.

tomates

albahaca

mozzarella

—¡La mejor pizza del mundo para esta **_hermosa reina_**! –un éxito que en poco tiempo estaría en boca de todos.

Gennaro Lombardi

7

Llegué a América a **finales de 1800** junto con muchos otros inmigrantes y traje la pizza al barrio **Little Italy**, ¡donde se ha convertido en un mito!

Pizzería Napolitana

Prepárate una pizza con un poco de tomate por encima ¡y ya verás cómo el mundo te sonríe!

El país con la bandera de estrellas y rayas es el que más pizza consume. Dicen que a las estrellas de Hollywood les gusta tanto la pizza de Chicago, más densa y con muchos condimentos, que por 60 dólares, ¡piden que se la envíen a casa en avión! Para los más tradicionalistas, la pizza neoyorquina es la que más se parece a la pizza napolitana, pero si tienes un paladar valiente… ¡la más indicada es la pizza hawaiana, con beicon y piña!

Aunque puede que los napolitanos, fieles a su Margarita, frunzan el ceño, hablaremos de algunas de las pizzas más famosas…

La **pepperoni** es la preferida de los americanos. Pero cuidado, que no os engañen: ¡no contiene pimiento, sino lonchas de salami picante!

La *flambée* con beicon, cebolla y nata es la preferida por los franceses, grandes comedores de pizza.

Al pueblo *carioca* le encanta que se añadan huevos duros y guisantes. El coco, en cambio, es el ingrediente preferido de sus primos de *Costa Rica*.

La **double dutch** de los holandeses se basa en duplicar las cantidades; doble ración de ternera, doble de queso y doble de cebolla (¡algo que se recomienda evitar en una cita elegante!).

La *mockba*, con sardinas, caballa, atún, salmón, arenque rojo y cebolla, encanta a los rusos (¡y seguro que a sus gatos también!).

A los *australianos*, a quienes los americanos apodan «kiwis» de forma cariñosa, les encanta la pizza con gambas, piña y salsa barbacoa.

Poco dietética es la *mayo jaga* del pueblo del sol naciente, que lleva una mezcla de mayonesa, beicon y patatas. También les gusta mucho con anguila y calamares.

¡La *pizza del año 2000*, elaborada con una levadura muy ligera, está considerada la pizza del futuro!

En la **India** añaden jengibre en vinagre, cordero picado y queso fresco.

Está claro que al final de este viaje no podía faltar la receta de la pizza *Margarita*.

Ingredientes para la masa de 5-6 pizzas:

300 g de harina 00

300 g de harina de gran fuerza

25 g de levadura fresca

250 g de agua

una cucharadita de azúcar

4 cucharaditas de sal

4 cucharadas de aceite de oliva virgen extra…

…y un poco de paciencia.

Ingredientes para la pizza:

salsa de tomate

mozzarella de búfala

aceite de oliva virgen extra

albahaca

Prepárala de la siguiente manera: mezcla todos los ingredientes para trabajar la masa hasta que sea elástica. Tápala y deja que repose durante al menos 3 horas, hasta que doble su tamaño. Precalienta el horno. Estira un trozo de masa y colócala en una bandeja, añade salsa de tomate, un poco de aceite, unas hojas de albahaca y hornéala a una temperatura de 240 ºC. Espera unos 15 minutos, añade trozos de mozzarella y vuelve a introducirla en el horno hasta que ésta quede fundida.

¡Tu pizza ya está lista!

—Tengo una historia de amor con la pizza... ¡Podemos decir que es una especie de «pan, amor y carbohidratos»!

Julia Roberts

Puedes consultar nuestro catálogo en www.picarona.net

¡LOCOS POR LA PIZZA!
Texto: *Sandro Natalini*
Ilustraciones: *Anna Laura Cantone*

1.ª edición: febrero de 2017

Título original: *Tutti Pazzi per la pizza*

Traducción: *Lorenzo Fasanini*
Maquetación: *Isabel Estrada*
Corrección: *M.ª ÁngelesOlivera*

Edita: Picarona, sello infantil de Ediciones Obelisco, S.L.
Collita, 23-25. Pol. Ind. Molí de la Bastida
08191 Rubí - Barcelona - España
Tel. 93 309 85 25 - Fax 93 309 85 23
E-mail: picarona@picarona.net

ISBN: 978-84-9145-025-2
Depósito Legal: B-24.897-2016

Printed in Spain

Impreso en España por ANMAN, Gràfiques del Vallès, S. L.
C/ Llobateres, 16-18, Tallers 7 - Nau 10.
Polígon Industrial Santiga.
08210 - Barberà del Vallès (Barcelona)